MONUMENT

ÉLEVÉ PAR LA RECONNAISSANCE,

OU

COURT EXPOSÉ

DE

LA VIE DE Mlle S. A. VALLAYER,

DIGNE DES PLUS GRANDS ÉLOGES PAR SON ATTACHEMENT
ET SON DÉVOUEMENT POUR SON MARI.

UNE demoiselle de famille honnête, petite-
fille d'un receveur public, et fille d'un orfévre
du Roi (1), destinée à succéder à son père, par
un mari qui serait de son état, faute d'enfans
mâles, se décide volontairement, à l'âge de

---

(1) Les oncles maternels de cette demoiselle, et leurs descen-
dans, ont été, ainsi que ceux qui vivent aujourd'hui, dans les
emplois du Gouvernement.

(2)

vingt-six ans, à oublier son bien-être passé, et à faire le sacrifice de l'autre, pour s'unir à un homme qui possédait son cœur et qui l'adorait, après une fréquentation aussi pure que désintéressée de plus de six ans, pour aller se confiner avec lui dans une obscure retraite, et y vivre d'après leur goût, et conformément à leur situation, en se livrant à des occupations nouvelles, et bien différentes de celles qu'ils quittaient, mais que la manière de vivre, à laquelle ils allaient s'assujétir, rendait indispensable. Si cette vie ne présente rien d'extraordinaire, et propre à frapper et éblouir les regards du vulgaire, au moins offre-t-elle le tableau, aussi admirable que touchant, de traits de courage, de fermeté et de patience, qui se voient rarement chez un sexe faible et timide, et dont mademoiselle A. V. a donné des preuves non équivoques dans les circonstances critiques où elle s'est trouvée : c'est ce qui va être développé dans un petit nombre de pages.

Mademoiselle S. A. V. était petite de taille, elle avait les cheveux d'un châtain clair ; sa figure, qui pouvait passer pour jolie, était bien proportionnée et faite au tour, d'après l'aveu même du célèbre peintre du roi, M. J. V., qui était grand ami du père et de la famille. Son sourire était aussi gracieux que séduisant ; sa beauté et ses grâces s'embellissaient encore par une rare modestie, une douceur angélique et une amabilité enchanteresse. Polie, gracieuse et pleine d'attentions fines et délicates envers tout le monde indistinctement, elle captivait l'amitié générale. A ces heureux dons, elle joignait l'humanité et la bienfaisance, qu'elle souffrait de ne pouvoir exercer et étendre à son gré. Vraie, sincère, elle n'ouvrait la bouche que pour dire des choses agréables : l'égalité de son caractère était surtout remarquable. Toutes ces heureuses qualités sont justifiées par le témoignage de ses plus proches parens. Un de ses neveux, dans sa lettre de condoléance au mari, s'exprime ainsi :

« Peu de personnes, autant que notre pau-
« vre tante, savaient inspirer les sentimens
« affectueux. Bien peu laissent des regrets aussi
« fondés et aussi partagés ; mais n'oubliez pas,
« mon cher oncle, qu'elle a su aussi graver dans
« nos cœurs quelques-unes des qualités qui la
« distinguaient si éminemment : vos neveux ont
« appris auprès d'elle à chérir et à vénérer les
« bons cœurs, et à payer du plus sincère retour
« les bons parens. »

Une nièce, dans sa lettre de condoléance, écrivait :

« Et moi, privée du seul soulagement qui me

« restait, celui d'aller pleurer avec vous une per-
« sonne qui était infiniment chère à tous ceux
« qui, comme nous, ont eu le bonheur de la
« connaître particulièrement. »

Qu'on ne croie pas que cet hommage à la vérité ait été dicté par l'intérêt, car la défunte n'a
laissé pour héritage que ses vertus : tous ceux qui
l'ont connue un peu intimement, pourraient en
rendre un pareil témoignage.

Elle réunissait à tant de qualités celles d'être
très-sobre, économe, soigneuse, et esclave de
l'ordre et de la propreté, n'ayant jamais négligé
aucun des soins du ménage pour se livrer au
plaisir ; mais elle payait de si rares avantages par
une extrême sensibilité qui, affectant le genre
nerveux, rendait son existence fort pénible.

L'éducation de son enfance fut soignée ; parmi
les maîtres qui en étaient chargés, on en dis-
tinguait un pour le forté-piano, dont elle conti-
nua les leçons dans sa famille, au sortir de la
pension ; elle y devint assez habile pour en jouer
en société, et s'y faire entendre avec plaisir ;
mais le mariage lui fit négliger cet instrument,
qu'elle finit par abandonner entièrement.

L'étude de la musique n'empêcha point qu'elle
ne fût chargée de la conduite entière du ménage,
quoiqu'il y eût dans la maison deux sœurs plus

âgées qu'elle, et s'en acquitta à la satisfaction de la famille et de ceux qui la fréquentaient : ce qui la rendit très-utile et même nécessaire à la mère qui dirigeait le commerce dans l'intérieur, et qui, au décès de son mari, finit par le conduire tant au-dehors qu'au dedans.

Un accident malheureux arrivé à son père, et qui l'a conduit au tombeau, ayant exigé qu'il allât à la campagne pour essayer d'y recouvrer la santé, il s'y rendit chez un ami, qui est devenu depuis son gendre, accompagné de mademoiselle sa fille dont il est question. Celle-ci pouvait avoir environ dix-neuf ans: c'est là qu'elle rencontra et vit le frère du propriétaire de cette maison de campagne, lequel va figurer dans ce réci   mais cette rencontre fut sans conséquence.

Le séjour de la campagne n'ayant point produit les heureux effets qu'on en attendait, le père revint chez lui, où, après avoir langui quelque temps, il mourut.

Le propriétaire de la maison de campagne dont il s'agit, ayant des vues sur une des sœurs de mademoiselle Adélaïde Vallayer, la demanda en mariage et l'obtint.

C'est à cette époque que prit naisssance l'inclination de mademoiselle Adélaïde pour le frère de son beau-frère.

L'alliance dont il vient d'être parlé, donna

lieu à des visites de sa part chez sa sœur, et le frère du beau-frère avait l'agréable corvée de la ramener chez sa mère, et même de l'y aller chercher souvent. Ils se voyaient aussi à la campagne du frère et beau-frère, mais tout s'y passait honnêtement, dans un échange réciproque d'attentions pleines de bienveillance et de politesses d'usage. Seulement mademoiselle Adélaïde, flattée des bons procédés de ce frère pour elle, crut, pour lui en témoigner sa reconnaissance, et sans tirer à conséquence, pouvoir se permettre de l'appeler familièrement son petit frère, et de le tutoyer publiquement, comme s'il l'eût été réellement. Ce dernier en fut si enchanté, comme on peut aisément l'imaginer, qu'il redoubla les soins et les attentions qu'il avait toujours eus pour elle, mais sans autre sentiment que celui qu'inspire naturellement la compagnie d'une demoiselle aimable, pleine d'agrémens, et aussi honnête que respectable : ce qui pouvait passer pour un amour platonicien.

Mais cet état de choses ne devait pas être de longue durée ; un accident aussi malheureux qu'imprévu, arrivé à mademoiselle Adélaïde, et qui faillit la conduire au tombeau, en fixa le terme. Un jour où elle était dans son temps critique, elle entendit un grand bruit à la cuisine ; son premier mouvement, pour en connaître la

cause, fut d'ouvrir le guichet de communica-
tion qu'il y avait entre le salon et la cuisine. Le
premier objet qui frappa ses regards, fut la tête
ensanglantée du domestique, qui s'était battu
avec la cuisinière. Cette vue lui fit une impres-
sion si forte, que ses règles en furent suppri-
mées à l'instant. Dès ce moment, les fonctions
de son estomac furent dérangées; il ne pouvait
plus supporter de nourriture; le bouillon même
ne pouvait passer qu'avec de grandes difficultés
et des douleurs inouïes.

Dans cette cruelle situation, mademoiselle
Adélaïde dépérissant sensiblement et, pour ainsi
dire, à vue d'œil, donna les plus grandes inquiétudes pour sa vie. Les remèdes et tous les
moyens employés par l'art, pour la tirer de cet
état, n'ayant eu aucun succès, il fut décidé, pour
dernière ressource, qu'elle irait à la campagne
pour y prendre les bains de pied à l'eau de les-
sive. Elle y fut chez sa sœur où le petit frère se
trouvait. Celui ci vivement affecté de la situation
douloureuse de la petite sœur, et y prenant le
plus vif intérêt, s'empressa de mettre à exécu-
tion l'ordonnance de la Faculté de Médecine. En
conséquence de l'emploi des bains de pied, d'un
exercice modéré, de la gaîté qu'il sut lui inspirer
et des autres moyens et précautions que la maladie exigeait, le petit frère eut le bonheur de

voir ses soins et son zèle couronnés du succès. La petite sœur rétablie, au grand étonnement, et à la satisfaction de tous les parens et de leurs amis, retourna chez sa mère dans un état bien différent de celui où elle en était sortie. Depuis cet accident elle a toujours joui d'une bonne santé.

Jusque - là, mademoiselle Adélaïde n'avait manifesté pour le petit frère qu'une affection ordinaire entre frère et sœur; mais l'obligation qu'elle crut lui devoir de sa guérison, la rendit plus attentive et plus empressée à se trouver avec lui, mais toujours avec beaucoup de réserve et de retenue. Celui-ci, de son côté, répondait à cette attention et à cet empressement, par des attentions et des prévenances nouvelles; mais sans y intéresser le cœur qui était au pouvoir d'une autre demoiselle, avant ses liaisons avec mademoiselle Adélaïde; cette dernière conséquemment ne jouissait de la présence du petit frère, que dans les momens où il ne pouvait pas être avec cette première inclination. L'amour propre de mademoiselle Adélaïde, qui en était instruite, dut bien souffrir de cette préférence qui lui était bien due à tous égards, et sous tous les rapports possibles; mais que des obstacles, de son côté, empêchaient d'avoir lieu. Ces obstacles étaient:

1.º Le secret qu'elle gardait sur les dispositions de son cœur envers le petit frère.

2.º La nécessité où elle se trouvait de ne pouvoir choisir pour époux, qu'un homme de l'état de son père, pour lui succéder dans la fabrique et fourniture des croix à distribuer par le Roi, et qui devaient être continuées par le gendre, ainsi qu'il l'avait été décidé pour en décharger la mère, qui, en attendant, faisait aller le commerce. Tout autre parti ne pouvait être accepté, quoiqu'il s'en présentât de très-bons, et dont un entre autres, a fait une brillante fortune. Mais mademoiselle Adélaïde, soit qu'elle n'eût pas de goût pour cet état, ou soit qu'elle ne voulût pour époux que son petit frère, éluda toujours de se déclarer; du temps s'écoula sans qu'on sût ses véritables sentimens, qui n'étaient pas même connus de celui qui les avait inspirés : mais cependant, à force de l'observer, et de sonder ces mêmes sentimens, le petit frère parvint à découvrir que c'était lui sur lequel la petite sœur avait jeté ses vues. Très-flatté de la préférence, il rompit aussitôt avec l'autre amante, et lui consacra son cœur en entier, qui avait déjà reçu de vives atteintes, qu'il n'osait faire connaître dans la crainte que l'aveu n'en fût repoussé, et en outre, que dans le cas où ses vœux seraient accueillis, de ne pouvoir triompher des obstacles qu'il savait devoir s'opposer à son bonheur. Mais, enfin, se voyant maître du cœur, et convaincu

que la main ne pouvait lui échapper, il ne fut
plus question que d'aviser aux moyens qui pourraient les conduire au succès de leurs projets.
C'est à quoi ils réfléchirent mûrement avant de
rien entreprendre.

C'est maintenant que la situation de mademoiselle Adélaïde va commencer à devenir délicate;
situation qui exigeait du courage et de la fermeté; elle donna des preuves de l'un et de l'autre.

Quoique nos amans s'attendissent à échouer,
en se conduisant et en traitant à l'amiable avec
la mère, il fut néamoins convenu que l'amant
commencerait par faire faire la demande en mariage, et que sur le refus qui lui serait fait, l'a-
mante, alors de son côté, essayerait d'obtenir
son consentement. Ce qui fut arrêté, fut exécuté;
mademoiselle Adélaïde fit elle-même la sienne,
en présence de plusieurs amis et d'une de ses
sœurs, avec tout le respect et la soumission dus
à une mère, à laquelle elle n'avait jamais man-
qué. Mais n'ayant pas été plus heureuse que son
amant, elle crut devoir attribuer, en partie, ce
refus au besoin que cette mère avait d'elle, et au
regret de s'en séparer.

Ne pouvant donc plus rester dans un état
d'anxiété et d'incertitude, les amans, pour en
sortir, furent obligés d'employer la voie pres-
crite par la loi, malgré la répugnance qu'en

éprouvait mademoiselle Adélaïde, tant elle ai-
mait et respectait sa mère, à laquelle elle n'avait
jamais donné le plus léger chagrin. En conséquence elle se retira dans le seul et unique couvent où elle pût entrer, tous les autres ayant
refusé de la recevoir, parce quelle n'y était pas
conduite par ses plus proches parens, obstacle
qui était alors de la plus grande conséquence
pour l'amante. C'est de ce couvent qu'elle fit
faire, à sa mère, les sommations respectueuses
voulues par les lois, et ce ne fut qu'après la troisième que cette denière se décida à faire le sacrifice de ses convenances, de quelque intérêt de
ses sœurs, pour que le mariage ne se fît qu'avec
un homme qui pouvait succéder à son père, et
enfin de son ressentiment du parti forcé qu'a-
vait pris sa fille contre sa volonté, en donnant
son consentement au mariage. Le contrat fut
dressé amicalement, avec le même traitement et
les mêmes avantages qu'avaient eus ses sœurs qui
étaient mariées. Cet obstacle fut levé plus promp-
tement et plus facilement que les amans ne l'a-
vaient espéré ; mais l'avenir leur préparait des
peines et des embarras qui devaient encore mettre à l'épreuve leur courage et leur patience.

Toutes les entraves contre le mariage apla-
nies, il fut célébré sans pompe et sans faste, suivant le caractère des époux, qui partirent im-

médiatement après pour la maison de campagne du frère et beau - frère, campagne qui avait été le berceau de leur inclination. Ils s'y établirent provisoirement ; mais ils faisaient souvent des voyages à Paris, pour y revoir les sœurs et la mère : celle-ci, ayant tout oublié, ne pouvait dissimuler le plaisir qu'elle ressentait, en voyant une fille qu'elle ne cessait de chérir, et dont elle ne s'était séparée que malgré elle. Le gendre partageait aussi cette affection. Ainsi il ne résulta de cette contestation, pour les époux, aucune altération de l'amitié de la mère.

Le plan des époux étant d'aller s'établir à la campagne, attendu que le mari ne pouvait exercer l'état de la banque qu'il avait appris chez son oncle, à Paris, à cause des grands fonds qu'exigeait un semblable établissement ; et le goût des époux n'ayant aussi en vue qu'une retraite tranquille, ils se décidèrent, le printemps suivant, à aller à la découverte dans le canton où le frère et beau-frère possédait des propriétés. La partie fut faite avec des amis qui avaient les mêmes vues, et qui en effet, y achetèrent des biens. On décida qu'on voyagerait par le coche d'eau qu'il fallait aller rejoindre à quatre lieues plus loin, et l'on arrêta à cet effet une charrette de fermier sur les lieux ; les amis étaient dans le voisinage des époux, mais de

l'autre côté d'une grande rivière où il y avait
un bac. La charrette étant de leur côté, deux
amis qui conduisaient l'épouse, car l'époux n'é-
tait pas avec eux dans ce moment, la firent
monter dedans, quoiqu'il n'y eût que 2 à 300
pas pour aller rejoindre les autres ; aussitôt le cheval partit au grand galop, comme s'il avait pris
le mors aux dents : le conducteur voulant le rete-
nir par la bride, la gourmette se cassa, et le
cheval ne put être arrêté ; dans cette situation
très-embarrassante, le conducteur croyant qu'il
n'en viendrait à bout qu'en le saisissant par la
tête, s'élance aussitôt en bas de la voiture ; mais
il eut le malheur de tomber sous les roues, qui
lui passèrent sur le corps. L'épouse effrayée de
ce fâcheux accident, de la vue de la rivière qui
n'était qu'à une cinquantaine de pas, et ne pouvant supporter les secousses et les cahots de la
charrette qui roulait sur le pavé, ne consulta que
son courage, en s'élançant à son tour en bas de
la voiture, sans réfléchir qu'il pouvait lui arri-
ver le même malheur qu'au voiturier, et peut-
être même un plus grand, à cause de son habil-
lement ; mais plus heureuse, elle en fut quitte
pour une forte entorse, qui exigea seulement
qu'elle se tînt assise. Néanmoins, ne voulant pas
faire manquer le voyage, après avoir remédié à
son accident, on partit par cette voiture dont le

cheval s'était adouci, et on arriva au coche sans essuyer d'autre inconvénient que celui de la fatigue attachée aux voyages en charrette. On fut deux jours et une nuit en route, assis et couchés sur des planches, sans que l'entorse en eût souffert; et, au moyen de quelques précautions et avec des ménagemens, l'épouse put, avec la compagnie, parcourir le pays en voiture; mais ce fut infructueusement, car on en revint sans avoir rien trouvé de convenable. Les époux furent donc obligés de passer encore l'été et l'hiver suivant à la même campagne. Au printemps ayant appris qu'il y avait un petit bien à vendre dans les environs du pays qu'il avaient déjà parcouru, ils furent le voir, et faute d'un plus convenable et plus à leur gré, ils en firent l'acquisition, d'autant plus volontiers, qu'il n'était qu'à quatre lieues de celui du frère et de la sœur.

L'agrément qu'ils s'étaient promis de cette proximité, ne se réalisa point; la chère sœur mourut quelque temps après, et son mari quitta sa propriété : ce qui causa beaucoup de chagrin aux époux, qui ne s'étaient établis dans ce canton que pour avoir la satisfaction d'être près d'eux.

Cette peine ne sera pas la dernière que les époux auront à surmonter, et qui exercera leur courage et leur patience dans le cours de la vie.

qu'ils vont mener. Elle formera un contraste frappant avec celle de leur état avant le mariage. Autant la première était aisée, commode et riante, autant la dernière fut gênante, pénible et désagréable, étant réduits à n'avoir de société qu'eux-mêmes, et pour voisins des campagnards, avec lesquels ils ne formèrent aucunes liaisons. Comme les occupations des époux étaient continuelles et que l'ouvrage était pressant, ils n'eurent pas le loisir d'établir des comparaisons du passé avec le présent. Une bonne santé et l'amitié qu'ils avaient toujours l'un pour l'autre, éloignèrent d'eux l'ennui et les inquiétudes de l'avenir, ensorte que les jours et les nuits s'écoulaient très-rapidement. D'ailleurs le présent les occupait assez pour se faire une habitation plus supportable que celle qui existait dans le bien qu'ils avaient acheté. Cette propriété, quoiqu'elle consistât en terres labourables, en vignes et en bois, n'avait que de mauvais bâtimens. Les logemens du locataire et du maître n'étaient que des galetas avec de mauvaises portes, sans croisées, ni plafonds, ni carrelage dans les chambres. Les cloisons étaient faites, selon l'expression du pays, en torchis et pleines de fentes. Mais il n'y avait pas à choisir pour se loger, car il n'existait pas dans le pays de plus agréables habitations, à moins d'aller les chercher à plus de deux lieues. Comme leur présence était absolument nécessaire sur les lieux pour les ouvrages à faire , il fallut se résoudre à supporter les incommodités qui en résultaient. On y resta donc jusqu'à l'entrée de l'hiver , et les époux retournèrent à leur demeure provisoire, qu'au printemps ils quittèrent tout-à-fait pour aller s'installer dans leur propriété. Là, le mari prit pour lui les ouvrages du dehors, et l'épouse ceux du dedans. Quoique ces occupations fussent au dessus de leurs forces et contraires à leurs habitudes , il parvinrent à s'y accoutumer sans peine. Indifférents sur le passé , sur lequel ils n'arrêtaient point leurs pensées, ne connaissant ni le dégoût ni l'inconstance , se suffisant à eux-mêmes , ils jouissaient d'un bonheur inconnu dans le tourbillon du monde; il ne manquait à leur entière félicité que celle d'être plus à même de voir leurs plus proches parens. Pour y suppléer , ils se décidèrent , quelques peines et désagrémens qui dussent en résulter , de faire tous les ans un voyage à Paris, dans le mois de juillet , époque de la fête d'une des sœurs et de la mère. A cet effet , ils prenaient le coche , tout incommode et pénible que fût cette voiture pour une Parisienne. Mais ce qui ajoutait encore à ce désagrément , était le port où il fallait aller le rejoindre ; il était éloigné de plus de deux lieues de leur campagne, qu'il fallait faire de nuit par une route de traverse , attendu que le coche partait à trois heures du matin : mais ce n'était rien en comparaison des désagrémens du retour : on était deux jours et une nuit en route, au milieu des mariniers, la plus mauvaise , la plus incommode et la plus dégoûtante de toutes les compagnies. Ils remplissaient toutes les places , et obligeaient une partie des gens honnêtes à se tenir debout. Ce coche n'arrivait au port , où les epoux débarquaient , que tard dans la nuit , et quelquefois le matin du troisième jour. Les époux, pour éviter les incommodités de l'auberge , partaient de suite à pied pour leur habitation , au milieu de l'obscurité, à travers une prairie, dont la rivière quelquefois débordée comblait les fossés qui la séparaient de la route pratiquée. Alors l'époux , pour les traverser , était obligé de prendre l'épouse sur son dos ; malgré la fatigue de la route , le silence de la nuit et la solitude du pays qu'il fallait traverser à chaque voyage , jamais mademoiselle Adélaïde ne manifesta la moindre frayeur ; le calme et la tranquillité de son âme ne lui permettaient aucune agitation ; elle avait cette sécurité qu'on ne peut éprouver que dans les lieux les plus sûrs et les plus à l'abri des méchans dont elle n'avait aucune défiance. Sans ces avantages aurait-elle pu voyager de cette manière ?

Ses plus proches parens , ne pouvant plus supporter cet éloignement , parvinrent à la rapprocher d'eux , environ dix ans après en avoir été séparés , en obtenant pour son mari un emploi dans les finances d'un Prince du sang ; emploi qui ne fut pas de longue durée , car il fut compris dans la réforme que la révolution nécessita chez les princes comme dans l'Etat. Ils se défirent de leur bien de campagne, lors des assignats, et, quoique cette opération eût diminué sensiblement leurs ressources, ils continuèrent cependant de rester à Paris, où ils prirent le parti de vivre ignorés, et de régler leurs dépenses sur leurs moyens, qui subirent une nouvelle réduction par la perte de l'emploi, la dépréciation des assignats, leurs rentes sur l'Etat réduites au tiers et les banqueroutes qu'ils essuyèrent. Mais l'ordre et une stricte économie sur lesquels ils avaient monté leur maison, les a toujours garantis de l'embarras et de la gêne, qu'occasione l'orgueil de vouloir paraître plus aisé qu'on ne l'est effectivement, et cependant ils en avaient l'apparence et la réputation qui étaient bien fictives, et néanmoins sans contracter aucune dette, et sans jamais avoir fait aucune action ni démarche ville et servile ; ce qui contribuait à faire croire à cette aisance artificielle : ils se sont bien trouvés de ce système de conduite, car s'ils avaient fait une plus grande figure, en se fondant sur la succession de leur mère, ils auraient été bien désappointés dans leurs calculs , car le remboursement qu'on lui avait fait en assignats, dé l'argent qu'elle avait prêté , l'a réduite presqu'à zéro.

La nature qui partage communément ses dons, en accordant à mademoiselle Adélaïde les vertus et les qualités qu'humainement on puisse désirer , l'accabla quelques années après son mariage , de la plus cruelle et de la plus insupportable incommodité , qualifiée d'affection hypocondriaque ou consomption ; les attaques étaient périodiques , ayant presque toujours lieu dans la belle saison , de la durée de trois à quatre mois, se déclarant par un sommeil pénible, peu d'appetit , du dégoût pour la vie , et une aversion invincible pour tout ce qui demandait quelque peine et le plus petit soin : aussi l'appelait-elle *paresse* ; avec la plus grande indifférence pour la prospérité comme pour l'adversité. Elle en était tellement affectée, qu'elle aurait préféré la plus forte maladie ; et lorsqu'elle en était délivrée, elle reprenait une nouvelle vie; ses forces, le courage et la vivacité lui étaient rendues par la nature, pour compenser le temps que la maladie lui avait ravi. Cependant elle éprouva en 1814 une interruption, qui se prolongea jusqu'en 1817 ; c'était à l'époque où Paris fut menacé d'un siége et du pillage dont le bruit parvint jusqu'à

elle : son mari était alors à sa maison de Fontaine-
bleau. Cette ville, comme on sait, était le point
de réunion de l'armée française. La crainte de l'un
et l'inquiétude pour l'autre, l'affectèrent si vivement qu'il en résulta cette espèce de phénomène;
mais ce ne fût que pour l'accabler davantage ;
car au mois d'avril 1817, cette fatale incommodité annonça son retour par des avant-coureurs
d'une autre nature, et dura jusqu'au mois d'oc-
tobre, et par conséquent le double des autres
attaques. Néanmoins, elle jouit pendant l'hiver
d'une assez bonne santé. Bientôt sa grande sensibilité fut de nouveau mise à l'épreuve, par le
décès de sa dernière sœur, madame C., arrivé
au mois de février 1818. Ce cruel événement lui
porta le coup mortel. La perte de cette sœur, qui
avait pris le plus grand soin de son enfance, et
dont l'affection pour elle n'avait jamais été alté-
rée, lui avait inspiré une si vive reconnaissance,
et en retour une si tendre amitié, que depuis ce
fatal instant, elle a été chaque jour en dépérissant;
le chagrin la rongeant insensiblement, elle fut
atteinte d'étisie et d'une si grande abondance de
glaires avec le retour de son indisposition ner-
veuse et d'autres symptômes, au mois de juin
dernier, qu'elle succomba sous le poids de tant de
maux, le six janvier dernier. Mais ce ne fut pas
sans lutter contre eux avec le plus grand courage,

et en s'occupant sans cesse des soins du ménage
comme en pleine santé , tellement que trois jour
avant sa mort , elle fut acheter des provisions, e
qu'elle ne se coucha les jours suivans que sur le
dix heures du soir: la veille, elle ne se mit au li
qu'à neuf heures, après avoir pris un peu de nour
riture, et fait sa toilette ordinaire; dans la nuit
elle trépassa sans qu'on s'en aperçût ; enfin elle
ne céda à la force du mal qu'après un entier
épuisement (car c'était un vrai squelette) , em-
portant au tombeau les rares qualités dont la
nature l'avait douée. Toute sa vie a été aussi pure
qu'elle l'était à sa naissance. Ses funérailles ont
été faites comme son mariage , sans pompe ,
sans faste et avec la simplicité et la modestie qui
la caractérisaient. Ses restes sont déposés dans le
même champ de repos qui renferme ceux de sa
sœur et d'un cousin - germain assez connu dans
le monde. Le décès de ces trois personnes a eu
lieu dans le court délai de dix mois.

Pendant plus de quarante ans que les époux ont
été ensemble, jamais leur amitié n'a éprouvé la
plus légère altération; ils n'ont été séparés que
rarement , et très peu de temps. En voyage ,
comme en place, l'épouse a été constamment avec
son mari, dont elle a partagé continuellement
le sort, ne trouvant de bonheur qu'avec lui, qui,
de son côté, n'en connaissait d'autre que celui

d'être avec elle : ses pleurs qui ne tarissent point attestent les regrets qu'il a éprouvés, qu'il éprouve encore, et qui le suivront jusqu'au tombeau

Si le mariage est le tombeau de l'amour, il ne l'est point de l'amitié des deux époux, amitié qui ne s'est jamais affaiblie ; elle a toujours été vive et tendre : l'épouse en a donné deux preuves éclatantes. La première , par la donation faite à son mari de tous ses biens en propriété en 1811, plus de trente-un ans après son mariage ; la seconde, par la déclaration qu'elle fit, au mois de décembre dernier , à M. Picot-Dubreuil, médecin renommé pour la guérison des maladies glaireuses, qu'il attribue en grande partie aux peines secrètes de l'âme. Lorsque les époux furent le consulter pour la maladie dont l'épouse était attaquée, cette dernière , en répondant à ses questions, avoua qu'à la vérité elle était affectée de deux grands chagrins, dont l'un était causé par la mort d'une sœur qu'elle chérissait tendrement, et l'autre par la crainte de succéder à son mari. Le docteur, après les avoir examinés tous les deux, lui assura que le dernier n'était pas fondé, et que bien certainement elle décéderait avant son mari. En effet, sa décision n'a point tardé à se réaliser, et les vœux de l'épouse ont été exaucés. Ainsi la reconnaissance pour les bons procédés de son mari dans le principe lui a ravi le cœur ; le même sentiment pour ceux de sa sœur envers elle , a hâté sa fin.

Si la vertu, si une constante et inaltérable amitié d'une épouse pour son mari peuvent ins-pirer quelque intérêt , jamais aucune femme ne s'en est rendue plus digne que celle dont la vie vient d'être décrite.

FIN.

DE L'IMPRIMERIE D'A. EGRON,
rue des Noyers, n° 37.